A RE
Ye 27.32.5

Ye   27323

UN DISCIPLE

DE SOCRATE,

AUX ATHÉNIENS.

HÉROÏDE.

Tout respire ici Dieu, la Paix, la Vérité.

A ATHÉNES.

OLYMP: ~~XCV~~. AN: I.

UN DISCIPLE
DE SOCRATE,
AUX ATHÉNIENS.
HÉROÏDE.

Quel spectacle d'horreur ! ô crime ! jour affreux !
Le plus grand des humains, & le plus généreux,
Le modéle du Juste, & l'oracle du Sage,
De la Divinité le chef-d'œuvre & l'image,
Socrate... ô Citoyens !... J'ai vu ses yeux mourans ;
Ses membres par dégrés tour-à-tour expirans ;
J'ai vu son front couvert de livides empreintes ;
Le frisson égaré sur ses lévres éteintes ;
Tout son corps dégoutant d'une pâle sueur ;
La mort, à pas glacés, s'avançant vers son cœur.
Quel objet douloureux, pour des ames sensibles !
Amitié ! trop cruelle en ces momens terribles,
Si tu ris quelquefois aux Mortels vertueux,
Tu fais payer bien cher la douceur de tes nœuds.
 A l'aspect du trépas, Socrate sans allarmes,

Voit fes amis en pleurs, & prend part à leurs larmes.
» Pourquoi céder, dit il, à de vaines douleurs ?
» Je vivrai parmi vous, fi je vis dans vos cœurs.
» Je vous laiffe, après moi, l'exemple de ma vie ;
» Ma vertu toujours pure, & toujours pourfuivie.
» Aimez la vérité, dont je porte les fers,
» Amis ; n'enviez point ma mort à l'univers.
» Des honteux préjugés faible & timide efclave,
» L'Univers a befoin d'un Sage qui les brave ;
» Qui par fa fermeté, fubjuguant les efprits,
» Puiffe ébranler l'erreur, & repouffer fes cris.
» Il va fe diffiper, cet amas de pouffiere,
» Qui me cachoit, grand Dieu ! ta célefte lumiere ;
» Dans ton fein éternel, puifant la vérité,
» Tu vas me pénétrer de la Divinité.
» Vertu trop méconnue, objet de mon hommage ;
» Je jouirai de toi, fans ombre & fans nuage ;
» Tes attraits ignorés, dévoilés à mes yeux,
» Couronnant mes efforts, abforberont mes vœux.
» O mes amis ; c'eft là, que fans culte & fans Prêtres,
» Réunis par la mort, dans la fource des êtres,
» Nous vivrons dans Dieu feul, Amans de fa beauté,
» Partageant fa grandeur & fa félicité.
» Mes liens font rompus... & ma langue glacée...
» Que la feule vertu régne en votre penfée...
» Soyez vrais... bienfaifans »... il expire... & je vis !
Barbares ! de fon fang êtes-vous affouvis ?
Ah ! ne féparez point les difciples du Maître ;

Etouffez la Raison, dont les cris vont renaître;
Frappez, exterminez des Sages dangereux;
Socrate n'est point mort, Socrate vit en eux:
Hâtez-vous, unissez vos fureurs & vos haines:
Des Mortels asservis, ils font tomber les chaînes;
De leur ame troublée, ils chassent la terreur;
Ils déchirent le voile étendu par l'erreur.
Tremblez, lâches, tremblez; craignez que ma Patrie,
Sur le Juste opprimé, ne se sente attendrie.
Si le sombre nuage, épaissi par vos mains,
S'ouvrait, & laissait voir la lumière aux Humains:
Ah! combien leur raison frémirait indignée
De voir la vérité proscrite ou dédaignée!
Par des succès honteux, l'imposteur s'enhardir,
Sa voix flétrir le Sage, & la terre applaudir.
Que tardez-vous encor? votre honte est certaine,
Si la pitié balance un moment votre haine.
Que la Vérité tombe, & meure sous vos traits;
Divinisez l'erreur, à force de forfaits.
Puisse le sang versé, dans ce noir sacrifice,
De la frivole Athène accuser l'injustice!
Puisse t-elle bientôt, en proie à vos fureurs,
Du fanatisme impie étaler les horreurs!

 Qu'ai-je dit?.. Quels desirs?.. Ah! la douleur m'égare.
Pardonnez, Citoyens, le malheur rend barbare.
Moi! j'ai pû m'avilir, par ces coupables vœux!...
Ainsi donc, ô Vertu, tes transports douloureux
De mon ame ulcérée ont fait fuir l'innocence!!

L'Eléve de Socrate aspire à la vengeance !
Quel est notre destin ? Trop fragiles Mortels !
La vertu nous emporte, & nous rend criminels.
Ah ! nos cœurs sont donc nés, pour s'égarer sans cesse !
Le forfait peut éclore, au sein de la sagesse !
Non. Tu la méconnais cette haute vertu.
Jamais par les revers son front n'est abbattu.
Sous le faix des horreurs inaltérable & pure,
Par de nouveaux bienfaits elle punit l'injure.
Le Sage sur la Terre est homme & citoyen ;
Il respecte, il chérit l'un & l'autre lien ;
Il vit pour soulager la commune misère ;
En lui l'humanité ne voit qu'un tendre père.
Vainement sa Patrie, assemblage d'ingrats,
L'abandonne aux méchans, qui veulent son trépas ;
Son ingrate Patrie est chère à sa mémoire,
Et ses derniers soupirs sont des vœux pour sa gloire.
O Sage ! Heureux rival de la Divinité,
Le bonheur des Humains fait ta félicité.

 C'est ainsi que de l'Art rejettant l'imposture,
Et prenant ses crayons des mains de la Nature,
Socrate nous traçait le sublime des mœurs ;
La vertu respirait sous ses mâles couleurs ;
La Gréce l'écoutait, dans un silence avide ;
Un jour pur frappait l'œil, faible encore & timide,
Qui s'ouvrant, par dégrés, essayait son pouvoir,
Se rendait attentif, se fixait, osait voir.
Aux piés de la Raison, par la gloire embellie,

Rampait des passions la cohorte avilie ;
La vérité régnait ; le mensonge enchaîné ;
Des fers qui l'arrêtaient, gémissait étonné ;
D'un plaisir inconnu la chaleur généreuse,
Séchait de nos desirs la source douloureuse ;
Dans le sein du bonheur, nous étions concentrés ;
Un être tout nouveau nous avait pénétrés...

O tendre Bienfaicteur ! ô mon maître ! ô mon père !
Tes vertus méritaient le thrône de la Terre :
Postérité, frémis en apprenant son sort ;
Socrate eut pour salaire, un cachot & la mort.
O honte de nos jours ! cruelle ignominie !
La vérité se tut devant la calomnie.
Le Juste sous la main du perfide oppresseur,
Dans le Temple des Loix se vit sans défenseur.
Où sont ces Magistrats, vengeurs de l'innocence ?
La superstition tient en main leur balance ;
Juges de leurs égaux, dispensateurs des Loix,
Ils usurpent l'orgueil, & le Sceptre des Rois ;
Du préjugé servile, empruntant leur puissance,
De la raison humaine ils prolongent l'enfance.
Ainsi l'homme avili par un joug odieux,
Tremble à l'Autel farouche, ou des Loix, ou des Dieux ;
Sous un poids accablant, nous respirons à peine ;
Et malheur à celui qui souléve sa chaîne !

Mais j'entends, près de moi, répéter ces clameurs :
» Socrate est l'ennemi de l'état & des mœurs ;
» Il attaque les Dieux ; & son œil téméraire

« Lance un regard profane, au sein du Sanctuaire ;
« Il trouble les esprits ; il ébranle leur foi ;
« Il brise un frein puissant consacré par la loi :
« Si la Grèce à Délos admira son courage,
« Si Delphes l'honora du beau titre de Sage ;
« Sa gloire a disparu, ses honneurs sont passés,
« Et son impiété les a tous effacés :
« Sa bouche audacieuse, affrontant l'anathême,
« Jusques dans le Sénat a vomi le blasphême.
Blasphémateur... Socrate !... ah ! ne le croyez pas ;
Dieu possédait son cœur, & guidait tous ses pas.
Mais toi, qui définis les Dieux sans les connaître,
Dans tes pieux transports, tu blasphêmes peut-être...

   Peindre un Dieu qui s'abreuve, & de sang, & de pleurs ;
Qui d'un œil satisfait contemple mes douleurs ;
Qui goûte des tyrans la barbare allégresse ;
Dont la toute-puissance insulte à ma faiblesse ;
Un Dieu qui sous mes pas, suscitant le danger,
Creuse le précipice, où je vais me plonger ;
Qui des frêles humains savourant la souffrance,
Eternise aux Enfers leur plaintive existence ;
Un Dieu capricieux, étourdi, vain, jaloux,
Misérable jouet d'un aveugle courroux :
Voilà le vrai blasphême. Et c'est lui qu'on protége ;
Il ouvre impunément sa bouche sacrilége ;
Sur la foi d'un prestige, ou d'un oracle obscur,
Des Autels sont dressés, où sied ce monstre impur ;
Il couvre un front hideux, des voiles du mystère,

Et la crainte lui voue un hommage adultère.
 O superstition ! Reine de l'Univers,
Qui ne peux enfanter que des dogmes pervers,
Va, fuis ; n'espére point que mon ame abbattue,
A tes horribles Dieux jamais se prostitue.
Les oppresseurs sanglans du monde épouvanté,
N'ont point tant d'injustice, & de férocité.
Et de ces Dieux cruels la main abominable,
Serait le frein du crime, & l'effroi du coupable ?...
Eux de tous les forfaits, détestables garans,
Et dont l'exemple affreux endurcit les tyrans !
 Trop aveugles censeurs de la Philosophie,
,, Sur sa foi, dites-vous, malheureux qui se fie ;
,, Elle trouble nos cœurs, elle éteint notre espoir,
,, Et la paix fuit des lieux qu'habite le savoir. ‹‹
Prétexte injurieux, qui fit périr Socrate !
Malheureux ! connaissez le tyran qui vous flatte ;
Qui par des nœuds sacrés embrassant votre sein,
A vos yeux fascinés cache un fer assassin,
La superstition. Vous brûlez de sa flamme,
C'est elle qui dévore, & qui trouble votre ame ;
C'est elle dont les cris impérieux & sourds,
Effarouchent la paix, & tourmentent vos jours.
Votre œil enveloppé d'une nuit criminelle,
D'une pâle lueur suit la trace infidelle ;
Et séduits par l'appas d'un espoir suborneur,
Vous tombez dans l'abîme, en cherchant le bonheur.
Que vous sert d'implorer un arbitre suprême ?

Vous flottez dans le doute, incertains s'il vous aime ;
Et lorsque vos vertus ont droit à sa bonté,
Vous redoutez l'arrêt de sa sévérité.

   C'est ainsi qu'amoureux du mal qui le consume,
Le Superstitieux appellant l'amertume,
Couvre ses plus beaux jours d'une épaisse vapeur,
La Nature gémit, esclave de la peur :
Mais il s'efforce envain d'en dompter le murmure,
Ses sens se font entendre, & vengent la Nature.
Voyez ses yeux brûlans, inquiets, égarés,
Ses remords, ses ennuis, ses vœux dénaturés ;
Pénétrez, avec lui, cette sombre retraite,
Où la faible raison déplore sa défaite,
Où pour plaire à ses Dieux, qu'honore son tourment,
Il est de ses fureurs l'objet & l'instrument.
Mais, aux piés des Autels, sa foi le précipite ;
Sur son front pâlissant la terreur est écrite ;
Ces Dieux sourds & muets par nos mains façonnés,
Ont saisi de respect ses esprits étonnés.
Il frémit.... il croit voir ces gouffres effroyables,
Barbare monument des Dieux impitoyables ;
Ce volcan éternel, cet océan de maux,
Où l'œil de la vengeance anime les bourreaux.
Le sourd frémissement de ces flammes livides,
Le sifflement aigu des noires Euménides,
La voix du désespoir, les cris de la fureur,
Portent dans tous ses sens l'épouvante & l'horreur.

   Théisme, nom sacré, religion du Sage,

Viens, vole à son secours, ranime son courage ;
Daigne épancher sur lui ces rayons précieux,
Qui consolent le cœur, en dessillant les yeux.
O Vérité, tu sais avec quelles délices,
Ma main timide encore a cueilli tes prémices ;
Lorsqu'un vil préjugé trop longtemps mon vainqueur,
A la voix de Socrate abandonna mon cœur.
Osons ressusciter ces leçons souveraines
Que sa tendre amitié prodiguait dans Athènes.
Citoyens, écoutez.... des monstres impuissans,
Du Dieu de la Nature ont usurpé l'encens.
En le multipliant, vous détruisez son être ;
S'il existe, il est un. L'Univers n'a qu'un maître :
Mais sage, bienfaisant, créateur du plaisir,
Et qui nous y conduit sur l'aîle du desir.
Ce monde est un essai de ses tendres largesses.
Artisan de vos cœurs, il connait vos faiblesses ;
Il voit par quels transports un esprit combattu,
S'aveugle, se dégrade, & trahit la vertu ;
Exempt de repentir ainsi que de colère,
S'il punit les humains, il les punit en père ;
S'il leur donne un breuvage amer & passager,
Il cherche à les guérir, non point à se venger ;
Sa main sçait réparer, non combler leur naufrage ;
Et loin de l'avilir, respecter son ouvrage.
Soit que dans l'innocence, ayant coulé nos jours,
D'un bonheur immortel nous commencions le cours ;
Ou soit que l'injustice ayant souillé notre ame,

Un châtiment utile en épure la flamme :
Aucun être n'échappe à ses soins généreux ;
Celui qui nous forma, nous rendra tous heureux.
 O Dieu ! qui dans ces jours de trouble & de nuage,
Banni de l'Univers, accueilli par le *Sage*,
Vois régner le mensonge avec faste honoré :
Quand s'évanouira ce fantôme adoré,
Devant qui fuit en pleurs la timide espérance,
Dieu, qu'engendra la crainte au sein de l'ignorance ?
Quand verra-t-on l'effroi déserter les Autels ?
L'amour seul, ô mon Dieu ! t'asservir les mortels ?
Tous dans un saint respect, bénissans ta présence,
Sur leurs pas fortunés semer la bienfaisance ?
Doux momens ! jour prospère ! objet de mon ardeur !
Que ne peut ma vertu préparer ta splendeur ?
Dussé-je, dans le cours d'une pénible vie,
Assembler contre moi l'imposture, l'envie,
La Satyre !... Quel mot viens-je de prononcer ?
Cet affreux souvenir ne se peut effacer.
 La Scène des talens, des grâces, du génie,
Dans son sein infecté reçut la calomnie,
Et sa bouche où brillait l'honneur & la raison,
S'ouvrit pour exhaler le fiel & le poison.
Ces Acteurs ravissans, dont les heureux prestiges
Des enfans d'Apollon secondaient les prodiges ;
Dont les fronts illustrés dans ce noble métier,
D'Euripide applaudi partageaient le laurier :
Dévouant leurs talens à la honte, au scandale,

Trahirent de leurs cœurs la baſſeſſe vénale ;
Et d'un vil brodequin l'Hiſtrion revêtu,
Prit le nom de Socrate, & joua la vertu.

 O nom couvert de gloire ! ô ſublime *Clangée*,
Seule tu défendis l'innocence outragée ;
Seule bravant la haine, & ſes cris inſolens,
Tu déployas une ame, égale à tes talens.
Mais tu cherches en vain à rappeller leur gloire.
Tes lâches compagnons oſeront-ils te croire ?
L'intérêt eſt le Dieu qu'ils font vœu d'écouter.
Qu'importent les leçons que l'honneur peut dicter ?
Du vulgaire imbécille ils auront le ſuffrage ;
Le fanatiſme ardent leur rendra ſon hommage ;
L'hypocriſie en paix bénira ſes progrès ;
Et la frivolité rira de quelques traits.

 Ainſi notre œil a vu, ſur la ſcène ſurpriſe,
S'élever dans la Gréce un Temple à la ſottiſe ;
Et tandis qu'Euripide, heureux triomphateur,
Dédie à la vertu ſon pinceau créateur,
Conſole la raiſon que la terre abandonne,
Et ſe plaît à l'orner des fleurs de ſa couronne :
Un Reptile odieux, vil opprobre des Arts,
Proméne en frémiſſant ſes ténébreux regards ;
Et vengeant de ſon nom la publique infamie,
Applique ſur Socrate une dent ennemie.
De l'abſurde ſatyre inutiles efforts !
Le trouble n'entre point dans un cœur ſans remords.
Seul tu le reſſentis, impur Ariſtophane ;

Et malgré la faveur d'une foule prophane,
Malgré les soins bruyans d'un essain de flatteurs,
De ton drame insipide humbles adorateurs ;
Tu vis à l'équité le Public favorable
Imprimer sur ton front une honte durable ;
Tu vis.... mais Anitus a sçu te secourir....
N'ayant pû l'avilir, vous l'avez fait mourir....
Il est donc vrai ! sa perte indignement ourdie
Est l'affreux dénoûment de votre Comédie !
O fureur méditée ! ô replis tortueux !
Mais n'auraient-ils commis qu'un crime infructueux ?
Seraient-ils satisfaits par le meurtre d'un Sage ?
Non. La mort de Socrate est leur apprentissage.
Je vois les Délateurs, les Juges, les Bourreaux ;
Le fer intolérant a creusé nos tombeaux ;
La Nature est muette ; & la rage tranquille
A l'ombre des Autels boit le sang indocile ;
Le Fanatisme régne ; & son soufle infecté
Porte partout l'ennui, l'effroi, l'aridité ;
Le séjour des Talens est un champ qu'il ravage ;
Sur le débris des Arts il fonde l'esclavage. ...
   Que dis-je ? Dieu puissant ! écarte ces malheurs.
De ma triste Patrie épargne les douleurs.
Mon cœur pur & fidéle implore ta clémence.
Encourage, grand Dieu ! la timide innocence.
Que celui dont la foi te reclame en secret,
Rougisse d'être, hélas ! plus faible que discret.
Que son front réprouvant un masque politique,

Paraisse à découvert devant le Fanatique ;
Que la noble candeur, que la simplicité,
Soit l'organe des cœurs où vit la vérité.
Ah ! s'ils réunissaient leur force & leur adresse,
Que pourrait de l'erreur l'audace ou la souplesse !
Comme aux feux déployés de l'astre qui nous luit,
La clarté se répand dans les champs de la nuit ;
Ainsi de la Raison l'étincelle rapide
Parcourt tous les esprits, les éclaire, & les guide.

O flambeau tutélaire ! ô céleste Raison !
Montre aux Grecs étonnés leur lâche trahison.
Qu'ils frémissent du sang qu'ils ont osé répandre.
Qu'un noble repentir partout se fasse entendre.
Puisse à jamais l'effroi, la haine, & le mépris,
Des vils persécuteurs être le digne prix !
Chargés d'un attentat odieux & stérile,
Qu'ils faient de l'infamie un monument utile !
Sans appui, sans secours, vaincus & désarmés,
Qu'ils moissonnent les maux que leurs mains ont semés ;
Confondus à l'aspect de l'équité terrible,
Et repoussant envain le remords inflexible,
Qu'ils appellent la mort ; & que leur désespoir
Venge la vérité, qu'accabla leur pouvoir !
Puissent leurs yeux mourans voir l'erreur étouffée,
Voir la Grèce, à Socrate, élever un Trophée ;
Voir d'un culte imposteur l'édifice détruit,
Athènes Philosophe, & l'Univers instruit.

www.ingramcontent.com/pod-product-compliance
Lightning Source LLC
Chambersburg PA
CBHW061616040426
42450CB00010B/2526